ÉTUDES

SUR LE [illegible]

DES

CHEMINS VICINAUX

De la Sarthe, Indre [illegible]

et Loir-et-Cher

PAR

M. LUDOVIC DE FERRIÈRE LE [illegible]

PARIS

IMPRIMERIE DE H. FOURN[illegible]

RUE SAINT-BENOIT, 7

1846

ÉTUDES

SUR LE RÉGIME

DES

CHEMINS VICINAUX

DANS LES DÉPARTEMENTS

De la Sarthe, Indre-et-Loire, Maine-et-Loire, Loir-et-Cher.

ÉTUDES

SUR LE RÉGIME

DES

CHEMINS VICINAUX

DANS LES DÉPARTEMENTS

De la Sarthe, Indre-et-Loire, Maine-et-Loire et Loir-et-Cher

PAR

M. LUDOVIC DE FERRIÈRE LE VAYER

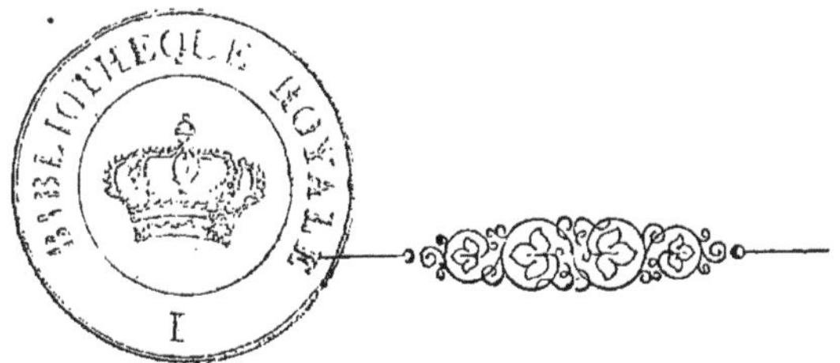

PARIS

IMPRIMERIE DE H. FOURNIER ET Ce,

RUE SAINT-BENOIT, 7.

1846

ÉTUDES

SUR

LE RÉGIME DES CHEMINS VICINAUX

DANS LES DÉPARTEMENTS

DE LA SARTHE, INDRE-ET-LOIRE, MAINE-ET-LOIRE

ET LOIR-ET-CHER.

Depuis la loi de 1836, avec ce qu'elle a de coactif, le service des voies vicinales, organisé avec ensemble, a pris une véritable réalité; de timide et forcé qu'il était au début, il est entré profondément dans la vie des départements et des communes; il est maintenant, avec les routes départementales, la branche la plus importante de leurs administrations, et figure pour une proportion déjà énorme et de plus en plus considérable dans leurs budgets.

A ce titre, sans parler de son action directe sur la propriété, qui en fait une question presque d'intérêt personnel pour chacun de nous, ce service mériterait déjà une part considérable dans notre attention; mais de plus, dès mes premières observations, j'ai trouvé à son sujet tant de diversité dans les systèmes d'organisation suivis, des différences, souvent si énormes dans le résultat, tant de tâtonnements, tant d'appréciations, de récriminations injustes et fausses, que tout m'a montré qu'ici existe une science pratique toute nouvelle, sur laquelle l'esprit public encore en travail a besoin de se recueillir; dont toutes les vérités sont loin d'avoir été dégagées, les données d'avoir été résolues, les prescriptions d'avoir pu recevoir leur formule dernière, et cette revue comparée des principaux résultats obtenus dans quatre départements, d'abord simple travail de curiosité, s'est transformée dès lors pour moi en un sérieux objet d'études plein d'intérêt et de graves enseignements.

Ces départements sont : la Sarthe, Indre-et-Loire, Maine-et-Loire et Loir-et-Cher.

Mes études, à leur sujet, embrassent sous trois divisions principales

1° Un aperçu statistique dans lequel se mesurent aussi sommairement que possible les forces de chacun des départements, leur valeur relative;

2° Une appréciation

> 1° De la situation matérielle de chacun d'eux quant aux voies de communication étudiées, à la quantité classée, à leur degré d'achèvement à un moment donné;
>
> 2° De leur situation financière à ce moment donné, mesurant ainsi parallèlement le sacrifice à l'œuvre;
>
> 3° Du système d'organisation suivi par chacun d'eux pour arriver à ces résultats.

3° Un dernier article où les faits étant connus et appréciés, on cherchera à rassembler les idées, poser des principes, déduire des conséquences.

§ 1er.

Statistique.

Rangés suivant leur étendue absolue, les départements se présentent dans l'ordre suivant :

MAINE-ET-LOIRE.

Son étendue est d'environ 738,000 hectares ; sa population absolue de 448,472 habitants; sa population relative de 66 habitants par kilomètre carré; il forme 5 arrondissements, 34 cantons, 384 communes; soit : 19 kilom. 21 et 1271 habitants par commune. Sa fertilité, sauf dans les vallées de la Loire, est généralement moyenne. Sa contribution est en principal de 3,601,793 fr., soit : 4 fr. 88 c. par hectare.

LOIR-ET-CHER.

Son étendue est d'environ 653,000 hectares ; sa population absolue de 249,462 habitants; celle relative de 38 habitants par kilomètre carré ; il forme 3 arrondissements, 24 cantons, 296 communes, soit : 22 kilom. 06 et 842 habitants par commune. Sa fertilité est généralement moyenne, et plus que médiocre au S.-E. dans la Sologne. Sa population relative offre, comme Indre-et-Loire, les contrastes les plus heurtés. Sa contribution est en principal de 1,925,000 fr., soit : 2 fr. 94 c. par hectare.

LA SARTHE.

Son étendue est de 616,042 hectares; sa population absolue de 470,535 habitants; sa population relative de 76 habitants par kilomètre carré; ce département forme 4 arrondissements, 33 cantons, 391 communes, soit : 15 kilom. 75 et 1204 habitants par commune. Sa fertilité est généralement bonne, sauf au centre; sa contribution est de 3,111,587 fr., soit : 5 fr. 05 c. par hectare.

INDRE-ET-LOIRE.

Son étendue est de 611,679 hectares; sa population absolue de 306,328 habitants; celle relative de 50 habitants par kilomètre carré ; il forme 3 arrondissements, 24 cantons, 282 communes, soit : 21 kilom. 76 et 1080 habitants par commune. Sa fertilité, assez grande dans les vallées, surtout celle de la Loire, offre ainsi que sa population relative les contrastes les plus heurtés; sa contribution est de 2,383,985 fr., soit : 3 fr. 87 c. par hectare.

Au point de vue que nous envisageons, l'étendue n'est point la mesure de la force relative des départements, non plus que de leurs besoins ; le point de départ est plus complexe ; c'est le chiffre de la population relative, le chiffre de la valeur du sol tel qu'il est donné par l'impôt ; les départements se présentent alors rangés dans l'ordre suivant :

	Communes.	Leur étendue.	Pop. absolue.	Pop. relative.	Val. à l'hect.
1° Sarthe...............	391	15 75	1,204	76	5 05
2° Maine-et-Loire.......	384	19 21	1,271	66	4 88
3° Indre-et-Loire.......	282	21 76	1,086	50	3 87
4° Loir-et-Cher.........	296	22 06	842	38	2 94

Remarquons en passant cette loi qui augmente l'étendue des communes et diminue leur population absolue, à mesure que décroissent les chiffres de la population relative et de la valeur du sol. On comprend avec quelle énergie doublement croissante doivent agir alors les raisons d'infériorité relative.

§ II.

États de situation.

Voyons maintenant quant aux moyens de communication, quant à leur situation matérielle, à leur situation financière, au système d'organisation suivi, le rapport dans lequel se placent chacun de ces départements, en commençant par les plus riches pour descendre aux plus pauvres, et ne nous occupant que des voies de communication à la charge des départements ou des communes.

1° LA SARTHE.

Avec son étendue de 616,042 hectares, ce département possède classées :

			mèt. par kilomètre carré.
1° Routes départementales................	432,529	440,497	71
2° — stratégiques....................	7,968		
3° — de grande communication...............		862,000	139
Total............		1,302,497	211
4° Routes vicinales ordinaires. — de moy. communicat[n].	571,031	3,192,470	518
— ordinaires...........	2,621.439		
		4,494,967	729

Situation matérielle.

Au 1er janvier 1846 le département jouira :

1° De toutes ses routes départementales et stratégiques.	440,497	71
2° Sur ses routes de grande communication, de.......	635,000	103

ou les 82 cent. d'achèvement. Le reste ne pouvant être achevé avant 5 ans, en leur maintenant encore la totalité des ressources actuelles.

Sur ce nombre 7,968 mèt. de routes stratégiques ont été construits aux frais de l'État ; reste pour la part de construction appartenant au département, 1,067 kil. 529 mèt. ou 173 mèt. par kil., et les 82 cent. d'achèvement.

3° Pour les routes vicinales ordinaires

1° Routes de moy. communicatn aux 51 cent.	292,500	887,300	143
2° — ordinaires aux 21 cent...........	594,800		
Total général à peine aux 21 cent...		1,962,797	318

Situation financière.

Le budget départemental au ministère de l'intérieur est de... 974,155 f. 45 c. ou 31 cent. par franc de la contribution, couvert ainsi que suit :

1° Service ordinaire, fonds commun et 10 cent...	331,873	60
2° — facultatif, 5 cent.................................	139,648	77
3° — extraordinaires, 5 cent............................	155,579	37
4° — spécial, 5 cent. spéciaux et contingents communaux.	347,053	67
Total, 15 cent. additionnels et..........	974,155 f.	41 c.

La part qu'y prennent les routes est de :

Routes départementales	ordinaire..............	130,251	»	291,577 f. 06 c.
	facultatif..............	71,013	94	
	extraordinaire.........	90,312	12	

Dans ce compte, est porté à l'extraordinaire le service actuellement très-réduit d'un emprunt de 300,000 fr., le seul que le département ait contracté à ce sujet.

Routes de grande communication.	2 cent. extraordinaires.	62,231	75	372,985 f. 42 c.
	5 cent. spéciaux.......	157,053	67	
	contingents communaux	153,700	—	
Service vicinal ordinaire.	traitements des voyers prélevé sur les contingents communaux....	36,300	—	39,335 f. 50 c.
	subvention départle.....	3,035	50	
				703,897 f. 98 c.

Soit 71 p. % du budget total, 22 p. % de la contribution, grevant le département de 10 cent. extraordinaires ou spéciaux.

Ce compte représente tout celui relatif aux routes départementales et de grande communication. Celui des routes vicinales ordinaires est ensuite facile à établir.

Un personnel de 26 agents voyers coûtant 36,300 fr.

Puis, comme moyen d'exécution, en capital, de la part du département, une misérable allocation de 3,035 fr. ; de la part des communes, de leurs ressources ordinaires, d'un rôle de prestation porté au maximum de trois journées, à peine un tiers pour la plupart ; affaibli encore de toutes les impositions extraordinaires, des sacrifices particuliers arrachés pour le service des routes de grande communication.

Un présent nul, un avenir engagé.

Organisation et personnel.

Le service se compose :

1° Pour les routes de grande communication, de l'ingénieur du département comme voyer chef, et d'un ingénieur en second par arrondissement.

2° Pour le service communal, d'un voyer par chaque arrondissement, correspondant directement avec le préfet, avec chacun un aide, et de dix-huit agents cantonnaux, un par deux ou trois cantons.

Au-dessous d'eux sont des conducteurs de travaux et piqueurs d'ouvriers embrigadés, et des cantonniers.

Les frais de cette direction sont :

Routes départementales	ordinaire	13,087	22,087 f.
	facultatif	6,000	
	extraordinaire	3,000	
	soit 50 f. 19 c. par kil. et 7 p. % du capital employé.		
Routes de grande communication.	ingénieur en chef	2,000	
	3 ingénieurs d'arrondissement à 1,000 f.	3,000	
	gratifications aux conducteurs	2,000	
	11 f. 02 c. par kil. et 1 f. 49 p. % du capital	7,000	

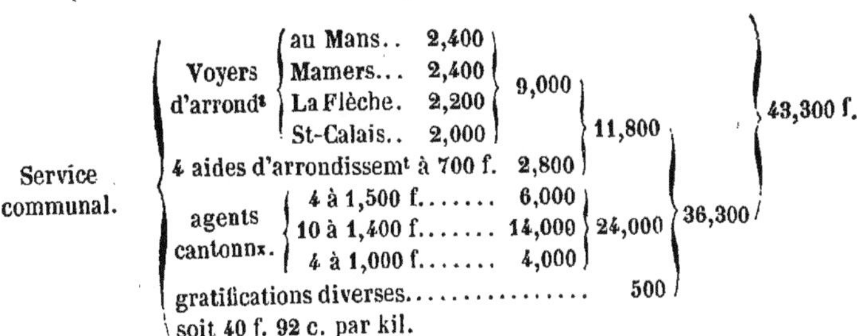

Service communal.	Voyers d'arrond^ts	au Mans.. 2,400	9,000	11,800	36,300	43,300 f.
		Mamers... 2,400				
		La Flèche. 2,200				
		St-Calais.. 2,000				
	4 aides d'arrondissem^t à 700 f.		2,800			
	agents cantonn^x.	4 à 1,500 f.......	6,000	24,000		
		10 à 1,400 f.......	14,000			
		4 à 1,000 f.......	4,000			
	gratifications diverses................			500		
	soit 40 f. 92 c. par kil.					

Le système employé par le département est facile à caractériser.

Il a été créé des routes de grande communication maintenues comme vicinales, comme telles mises à la charge des communes, soldées par des retenues sur leurs ressources.

Pour l'exécution, ces ressources éparses ont été centralisées dans la main du préfet, qui les applique directement par l'entremise de ses voyers, ici les ingénieurs du département.

Le service vicinal ordinaire, maintenu dans le droit commun, a cependant été l'objet de deux dispositions spéciales : 1° on a créé dans son sein des routes de moyenne communication ; 2° des voyers ont été établis pour régulariser son action, exercer l'influence de l'autorité centrale.

Quant aux routes de grande communication, de leur organisation fortement centralisée, placée dans des mains habiles, il n'y a rien à dire, elle fonctionne bien. Si le résultat laisse encore à désirer, la cause est plus loin ; elle est, malgré les 7 centimes départementaux spécialement affectés, dans la nature du capital insuffisant, embarrassé encore par les contingents communaux et la prestation en nature; elle est dans son incompatibilité avec le système du crédit, etc.

Quant aux routes vicinales ordinaires, la position est différente. Du capital, il n'en existe plus, ruiné qu'il est par les routes de grande communication. Du personnel, il y en a alors à la fois trop et trop peu. Relativement au capital réservé et aux seuls résultats possibles avec ce capital, c'est trop; ce que prouve le poids dont il pèse sur le peu de routes faites. Relativement aux besoins des communes, c'est trop peu. Trop loin de chacune d'elles, un agent qui surveille à la fois deux ou trois cantons ne peut donner à leurs travaux les soins particuliers que chacune demanderait. De l'institution on a les charges, moins les fruits; de la direction, de la surveillance, on a tout l'appareil, moins la réalité.

On a cru, on a voulu organiser à la fois un service de routes de grande communication, un service communal, on ne s'est pas aperçu que, par le moyen employé, vouloir l'un, c'était exclure l'autre, et le rendre désormais impossible.

On a demandé aux communes pour le premier tout ce qu'on pouvait leur demander; et l'on a rendu pour elles, épuisées dans leurs dernières ressources, l'exécution de la tâche qui leur était laissée, leur service vicinal, impossible; tout un personnel spécial inutile.

De là ces résultats réels dans le haut, mais nuls dans le bas.

Procédant par des déplacements de forces, on pouvait se donner toutes les apparences de la puissance sur un point, mais au prix de l'impuissance sur tous les autres. Obtenir quelque succès; mais ce qu'il en fallait pour tromper sur l'ensemble du système, masquer son insuffisance réelle.

Le problème n'est pas résolu, car les résultats généraux sont faibles et imparfaits.

MAINE-ET-LOIRE.

Avec son étendue de 738,000 hectares ce département possède classées :

	kilomèt.	kilomèt.	mèt. par kilomèt.
1° Routes départementales	580,054	860,824	116
2° — stratégiques	280,770		
3° — de grande communication		755,590	102
Total		1,616,414	219

4° Routes vicinales ordinaires. Je n'ai point de renseignements sur leur montant, par conséquent sur la valeur absolue ou relative qu'elles apporteraient à l'ensemble du système.

Situation matérielle.

Au 1er janvier 1846, le département jouira :

1° De la totalité de ses routes départementales ou stratégiques..	860,824	116
2° Quant aux routes de grande communication, je n'ai pas de renseignements précis sur leur état actuel d'achèvement; mais, malgré les sacrifices faits, au milieu des nombreuses complications que nous leur verrons subir, peut-être est-ce beaucoup que de les porter aux 2/3 d'achèvement, soit 84 cent. du total....................	503,726	68
Total.................	1,364,550	184

Sur ce nombre 280 kilom. 770 de routes stratégiques ont été construits aux frais de l'état; reste pour la part de construction appartenant au département 1,083 kilom. 780 ou 146 mètres par kilom. et les 81 c. d'achèvement.

Les bases me manquent encore pour apprécier l'état d'achèvement des routes vicinales ordinaires; mais nous pouvons poser en fait, d'après ce que j'ai pu voir autour de moi, que leur situation est encore plus déplorable que dans la Sarthe, et présenterait à peine à l'achèvement un même chiffre.

Situation financière.

Le budget départemental, auprès du ministère de l'Intérieur, est de 1,398,803 fr. 53 c., soit 38 p. 0/0 de la contribution, couvert ainsi que suit :

1° Service ordinaire, fonds communs et 9 cent. $\frac{7}{10}$..............		446,285	75
2° —	facultatif, fonds communs et 5 cent..................	218,991	21
3° —	extraordinaire, 10 cent...........................	424,688	37
4° —	spécial, 5 cent. et contingents communaux..........	308,838	20
	Soit 20 centimes additionnels et............	1,398,803 f.	53 c.

La part qu'y prennent les routes est de :

Routes départementales.	ordinaire........................	152,222	88	625,289 f. 88 c.
	facultatif........................	48,378	63	
	extraordinaire..................	424,688	37	

Au compte de l'extraordinaire, figure pour 40,231 fr. 61 c. en intérêts, et 310,000 fr. en principal, le service d'un emprunt contracté par le département; il faut remarquer les conditions de cet emprunt, amorti presque aussitôt que fait. En crédit, comme pour toute action, il n'y a que deux choses, des forces ou du temps. Ce qu'on épargne sur le deuxième, il faut le demander aux premières; ce qu'on veut épargner sur les premières, il faut le demander au deuxième. Or, le problème, aussi entier qu'il l'était, avec autant de besoin de ses forces, mieux valait engager du temps, que d'user vainement celles-ci comme on l'a fait, dans l'effort d'un amortissement à court terme. Pour un particulier, devant la mort, compter sur le temps, quelquefois c'est chimère; pour un département qui ne meurt point, dans l'espèce, c'eût été toujours raison.

	Report :		625,289 f. 88 c.
2° Routes de gr. communicⁿ	5 centimes spéciaux	176,456 35	303,238 f. 20 c.
	contingents communaux	126,781 85	
3° Service vicinal ordinaire, une subvention de 5,000 f., portée pour 1846 à 10,000 f.			5,000 —
	Total du budget des routes		933,528 f. 08 c.

Soit, 66 p. 0/0 du budget total, 24 p. 0/0 de la contribution, grevant le département de 15 c. extraordinaires ou spéciaux.

Le budget communal ou de la petite vicinalité est encore facile à établir.

De la part du département, une allocation de 5,000 fr.

Sur les ressources ordinaires des communes et un rôle de prestation porté au maximum de trois journées, à peine un tiers pour la plupart, qu'affaiblissent encore les impositions extraordinaires, les sacrifices particuliers arrachés pour le service des routes de grande communication.

Encore un présent nul, un avenir engagé.

Organisation et personnel.

Pour les routes de grande communication.

L'ensemble du service est mis sous la direction d'un voyer, chef spécial, ayant sous lui un voyer par arrondissement, avec chacun un aide, puis six piqueurs d'ouvriers.

Les frais sont :

1° Service départemental.	ordinaire............................	12,398 24	22,126 f. 35 c.
	facultatif........................	941 53	
	extraordinaire..................	8,786 58	
	soit 25 f. 72 c. par kil. et 3 p. % du capital engagé.		
2° Service de grande communication.	un voyer chef....................	3,000 —	21,700 f. — c.
	4 voyers d'arrondissement à 2,000	8,000 —	
	4 aides d'arrondissement à 800 f..	3,200 —	
	6 piqueurs à 1,200 f.............	7,200 —	
	frais divers......................	300 —	
	soit 42 f. 74 cent. par kil. et 7 p. % du capital engagé.		

3° Service communal. Rien n'a été fait pour lui.

Ici, sous une conformité apparente d'organisation avec la Sarthe, quant aux routes de grande communication, se trouve cependant une différence radicale. La Sarthe, en organisant son personnel, avait centralisé d'une manière absolue toutes les ressources, même celles provenant des communes, et toute l'action dans la main du préfet et de ses agents; Maine-et-Loire a été moins absolu. Au lieu de centraliser ainsi et les ressources et l'action, il a voulu conserver une partie de l'action et l'emploi de leurs ressources à ses communes et aux maires, se réservant de les organiser par un système d'agents supérieurs et de centraliser ainsi les résultats : le système était mixte. Les communes, chacune selon la part de contingent qui leur était assignée, ont été admises à faire librement les terrassements, sauf à faire recevoir leur travail par le voyer et en obtenir le permis d'empierrement pour lequel les matériaux étaient ensuite fournis par le département.

Cette action complexe a été loin de donner de bons résultats.

Elle avait pour effet, de supposer chez les maires les capacités spéciales non pas seulement d'un bon administrateur, mais d'un ingénieur, d'un bon conducteur de travaux. Ces diverses conditions ont pu se rencontrer, mais comme exception, non comme règle. Généralement, par cette voie qu'on croyait plus économique et facile, on a fait moins et moins bien.

L'effet fut une tendance de plus en plus marquée à augmenter la part d'intervention des hommes spéciaux, application aux travaux publics de cette loi de la division du travail si puissante en industrie, et à multiplier leur nombre pour les mettre plus près du travail; en réduisant d'autant la part des communes et des maires.

Mais alors surgit une difficulté nouvelle qui tient à l'organisation intime elle-même. Vis-à-vis du voyer, les maires ne sont pas des subordonnés, vis-à-vis des maires le voyer n'est pas un supérieur. Tous deux appartiennent à des ordres différents. Ils peuvent marcher dans une même ligne, vers un même but, mais c'est parallèlement et en partant de points différents. Du moment où le voyer ne se bornant plus à un simple droit de contrôle accepté, eut à réclamer une part de plus en plus grande dans l'action; où le maire put croire qu'on exigeait trop, parce qu'on exigeait plus; l'accord qui existait se rompit; les inconvénients de la position réciproque se firent sentir. Sans liaison réelle entre eux, sans jurisdiction commune, sans hiérarchie, sans responsabilité, sans autorité ni moyens coactifs les uns envers les autres, chacun usa ses forces en tiraillements et en conflits. D'une administration on eut l'apparence, nullement la réalité. Un corps d'officiers, plus de soldats; une troupe sans discipline; du nombre, non de la force.

Chacun retint assez du principe qui l'avait créé pour se défendre et résister; pas assez pour dominer et faire marcher seul un service dès lors complétement désorganisé.

La fin de cette crise peut se faire entrevoir dans une réorganisation nouvelle qui donnera plus d'unité réelle au service. Sera-t-elle uniquement au profit du pouvoir central, ou cherchera-t-on pour les communes quelques compensations équivalentes; c'est ce que l'avenir apprendra.

Quant au service communal, rien, avons-nous vu, n'a été fait pour lui. Il vit donc encore bien plus hautement sous cette présomption, que tous ses maires sont non-seulement des administrateurs, mais des ingénieurs, des conducteurs de travaux capables. Heureux aussi, quand cette présomption se trouve être une réalité; autrement, voyant les communes réduites à se chercher elles-mêmes un troisième état-major ; ou, ce qui est le plus fréquent, abandonnées à l'incurie et à l'indolence, consumant inutilement leurs faibles ressources dans la présomption, le gaspillage et le désordre.

En nous résumant.

L'esprit qui a dirigé le département de Maine-et-Loire diffère de celui de la Sarthe, quant au but :

En ce que la Sarthe s'est préoccupée avant tout du résultat, sacrifiant immédiatement ses communes ; abandonnant leurs ressources, pour les routes de grande communication, à l'action directe du pouvoir central ; pour le reste du service vicinal, à son action indirecte encore plus ou moins définie et régularisée.

Maine-et-Loire s'est préoccupé avant tout de ses communes ; a cherché à leur sauver l'intervention directe du pouvoir central, reporter sur les chemins de grande communication cette action seulement indirecte, remontée alors d'un degré ; et dérober ainsi presque totalement le reste de son service vicinal ; il a sacrifié les résultats.

L'un a voulu organiser *administrativement* ses services vicinaux de grande communication et ordinaires ; a réussi pour le premier et travaille au deuxième.

L'autre, réservant totalement son service ordinaire, a voulu organiser *municipalement* son service de grande communication, et n'est arrivé qu'à l'impuissance.

Quant au moyen, Maine-et-Loire n'a pas été plus prévoyant que la Sarthe. Comme lui, il a cherché ses ressources dans les contingents communaux ; et en se donnant des routes de grande communication, il a rendu impossibles ses chemins vicinaux ordinaires, épuisé ses communes. Pour celles-ci, leur service propre est resté libre, sans contrôle, ni direction imposée par l'administration centrale ; soit, mais en a-t-il plus de réalité ? elles plus de puissance ? Le même effet d'exclusion se fait sentir ; on ne peut avoir à la fois, de la même bourse, des routes de grande communication et des chemins vicinaux ordinaires. L'état pitoyable de ceux-ci, l'épuisement, une immense infériorité relative, paient l'effort fait pour les autres.

Municipale dans la forme, l'organisation choisie par le département n'a pas su l'être dans le fond. Appliquée à réserver des droits, elle n'a pas su le faire pour les choses, et ses communes, impuissantes et aigries, ont continué à payer dans leurs intérêts les vaines prérogatives qu'on voulait et croyait leur sauver dans la pratique.

INDRE-ET-LOIRE.

Avec son étendue de 611,679 hectares, ce département possède, classées :

	kilomèt.	mèt. par kilomèt.
1° Routes départementales	1,184,461	193
Il n'y a point de routes de grande communication, celles que leur importance eût fait ranger à ce titre, ont été immédiatement portées comme départementales.		
2° Routes vicinales ordinaires : elles s'y joignent pour	6,745,000	1,102
Total	7,929,461	1,296

Situation matérielle.

Au 1er janvier 1846 le département jouira :	kilomèt.	mèt. par kilomèt.
De la totalité de ses routes départementales	1,184,461	193
Le service vicinal ordinaire s'y joint déjà pour	1,400,—,	228
Total	2,584,461	422

Situation financière.

Le budget du département auprès du ministre de l'Intérieur est de 973,594 fr. 74 c. Soit, 41 p. 0/0 de la contribution couverts ainsi que suit :

Service ordinaire, fonds commun et 10 cent.	426,291	79
— facultatif, — et 5 cent.	131,662	11
— extraordinaire, 15 cent.	367,556	67
— spécial, 2 cent.	48,084	17
Soit : 22 centimes additionnels et	973,594 f.	74 c.

La part qu'y prennent les routes est de :

1° Routes départementales.	ordinaire	226,601	51	609,587 f. 55 c.
	facultatif	63,337	39	
	extraordinaire	319,648	65	
			A reporter.	609,587 f. 55 c.

Report. . . 609,587 f. 55 c.

Dans ce compte, figure à l'extraordinaire pour 106,500 f. en intérêts, et 71,848 f. en amortissement du capital, le service d'un emprunt de 2,500,000 f., contracté à 20 ans par le département.

2° Service vicinal ordinaire, produit des 2 cent.................. 48,085 17

Total................ 657,672 f. 72 c.

Soit, 67 p. 0/0 du budget et 27 p. 0/0 de la contribution, grevant le département de 15 c. extraordinaires ou spéciaux.

Le budget communal ou de la petite vicinalité se compose :

1° De la part du département d'une subvention de 48,084 fr. 17c., dont portion est employée à payer les voyers.

2° De la part des communes, de la totalité de leurs ressources ordinaires, extraordinaires ou spéciales, la prestation comprise dont le chiffre est, à son minimum, de deux journées.

Organisation et personnel.

Le département n'ayant que des routes départementales et un service vicinal ordinaire, l'organisation se trouve extraordinairement simplifiée.

Pour les premières, qui renferment en elles-mêmes les routes de grande communication des autres départements, il n'y avait rien à faire ; le service existant naturellement tout monté dans le personnel des ponts et chaussées auquel elles appartiennent.

Il n'y avait donc à s'occuper que du deuxième, qui a été complétement organisé au moyen d'un voyer, chef spécial, appartenant au département, et de voyers cantonnaux au nombre d'un par canton, sans piqueurs d'ouvriers ni conducteurs de travaux.

Les frais du service sont :

Service départemental.	ordinaire........................	11,101	51	20,852 f. 68 c.
	facultatif........................	1,659	59	
	extraordinaire..................	8,091	58	
	soit 17 f. 61 c. par kil. et 3 p. o/o du capital engagé.			

Service vicinal.	un voyer chef...............		2,400			24,150 f. — c.
	Voyers cantonnaux	2 à 1,600	3,200	19,750	22,150	
		8 à 850	6,800			
		13 à 750	9,750			
	gratifications diverses, etc............				2,000	
	soit 17 f. 25 cent. par kilomètres.					

Ce résultat est remarquable. Un service départemental double de celui des autres départements, un service communal complet, organisé à un voyer par canton, tout cela coûte moins à Indre-et-Loire qu'à Maine-et-Loire son service départemental et son ombre de service vicinal; à plus forte raison moins qu'à la Sarthe.

Cela tient à un ensemble de plusieurs causes.

1° La totalité de ce que coûte le service vicinal ne figure pas ici; les voyers, ne recevant du département qu'une portion de leur traitement, le reste leur provenant d'une retenue de 5 p. 0/0 à leur profit sur le montant des travaux faits par les communes.

2° Comme nous l'avons remarqué, le département n'ayant que des routes départementales, point de routes de grande communication, a trouvé pour celles-ci un état-major existant, sans avoir à en créer et solder un spécial.

3° Renfermé dans de petites conditions d'étendue, de nombre de cantons; simplifié dans son travail, il a pu réduire le nombre de ses agents, renfermés dans le service vicinal ordinaire, à son expression la plus simple; supprimer les rouages intermédiaires; et, sans avoir de voyers d'arrondissement, faire correspondre directement tous les voyers cantonnaux avec le voyer chef.

4° Les routes étant considérées comme *des produits* qu'il s'agit d'obtenir, les dépenses de personnel constituent à leur égard une *dépense fixe* qui pèse sur elles en raison inverse de ce produit. Plus ce produit sera grand dans un temps donné, moindre sera sur lui le poids de la dépense fixe. En forçant son capital par l'emploi du crédit, non des annuités; en forçant par conséquent les moyens de mise en œuvre et le produit, quant à ses routes départementales, Indre-et-Loire allégeait pour celles-ci le fardeau relatif de la dépense fixe. Même effet quant au service communal où, en organisant le service et créant la dépense fixe, il se conservait un capital, des moyens de mise en œuvre, la possibilité de produits.

En outre de cette organisation du service communal en personnel, le système, quant au classement, a été étudié avec ensemble, sur une carte spéciale et détaillée du département. On a cherché à le coordonner et le ramener à un plan général et complet. Pour l'exécution, rien n'a été changé au mode de classement par les conseils municipaux ; mais le voyer a été armé d'un droit à intervention dans ces classements faits, avec appel au préfet en cas de dissentiment. Ainsi, tous les intérêts sont satisfaits ; et ceux généraux qui auraient été méconnus, trouvent un dernier abri au-dessus de misérables calculs ou de passions de localités.

Quant à l'exécution, nulle exécution en régie.

Les travaux doivent tous être donnés à l'entreprise et à l'adjudication. L'étude préparatoire est faite par les voyers qui lèvent les plans, font les devis, dressent concurremment avec les maires les cahiers de charges, préparent les adjudications, suivent et reçoivent les travaux.

Les conséquences de ce système déjà confirmées par l'expérience sont :

1° A un haut degré, économie dans le résultat, perfection dans le travail.

2° Que les prestations toutes réellement exigées par les entrepreneurs à qui on les passe en compte, sont arrivées à se payer presque totalement en argent, leur taux ayant, à cet effet, été porté un peu au-dessous de la moyenne ; et atteignent ainsi sans effort, et avec le moins de non-valeurs possible, leur maximum d'effet.

L'organisation d'Indre-et-Loire diffère essentiellement, et dans le fond, et dans la forme, de toutes celles que nous avons vues jusqu'ici.

Chez lui, point de centralisation des ressources communales.

1° Tout ce qui, par son intérêt plus général, demanderait centralisation, est porté immédiatement à la charge du département ;

2

Tout le reste est laissé à l'action communale propre, sauf quelques conditions réglementaires d'exécution.

Toute l'extension possible est donnée à ces deux modes d'action; tout est calculé pour les porter à leur maximum d'effet.

Quant au premier, en forçant le capital d'emploi, outre la part déjà énorme, allouée dans les services ordinaires et facultatifs, votant à la fois pour lui 13 cent. extraordinaires, et, pour augmenter encore leur énergie d'action, agissant immédiatement, non pas seulement sur leur produit, mais par le crédit, sur le capital représentatif de leur produit.

Quant au second, en maintenant aux commnnes la totalité de leurs ressources ordinaires, extraordinaires et spéciales; y joignant 2 cent. départementaux, assurant leur action par un service de voyers complet et parfaitement organisé; par l'emploi de procédés d'exécution éprouvés et certains.

Tout est conséquent, tout est lié, tout marche au but; les résultats y répondent :

Moyennant ses 13 centimes extraordinaires, le département jouit déjà de la totalité de ses routes départementales, qui représentent aussi, avons-nons vu, quoique à un degré bien supérieur, celles de grande communication.

Moyennant 2 cent. spéciaux seulement, et un rôle de prestation, borné au minimum de deux journées, sans sacrifices ni demandes extraordinaires, il a pu classer 6745 kilomètres de routes vicinales, et en présenter déjà à l'achèvement 1400 kilom.

Cette organisation, pour les communes, est toute paternelle.

Elle ne cherche point à se faire dogmatique, à réserver vainement des principes; elle va à l'effet, au but.

Sans prétendre se faire municipale dans la forme, elle cherche et elle réussit à l'être dans le fond, dans l'effet.

Le problème était :

1° Réunir le plus de ressources; 2° les organiser avec le plus d'ensemble, d'unité et de perfection d'exécution possible.

Dans le premier but, les premiers départements, faisant un appel aux communes pour des intérêts généraux, se trompaient d'objet, et n'enfantaient que résistance et désordre ;

Dans le second, invoquant la centralisation, qui est un acte de dépossession, de défiance envers les communes, ils se trompaient de moyen, et n'enfantaient encore que résistance et désordre.

Indre-et-Loire, mieux inspiré, dans le premier but, a, plus que qui que ce soit, demandé à ses intérêts généraux, et a tout facilement obtenu ;

Dans le second, a, plus que qui que ce soit, demandé à ses communes; leur prenant, en garanties de bonne exécution, en règles imposées à leur liberté d'action, ce qu'il leur laissait en puissance, et a tout encore facilement obtenu,

Parce qu'à chaque intérêt va directement la demande.

De là le secret de sa force, de cette énormité dans les ressources, de cet ensemble, cette unité, cette perfection de détail dans l'exécution, cette supériorité, si loin de toute comparaison dans les résultats.

Déjà ses intérêts généraux sont tous satisfaits, et l'immensité du bienfait en rachète largement le poids pour le contribuable ;

Dans ses communes, l'aisance, la confiance, remplacent la misère, la défiance, l'aigreur, qui sont la part des autres ; la réalité du résultat, la certitude du but, devant celle des ressources, font la contrepartie de cette nullité de résultats qui existe chez les autres, de ce morne découragement pour l'avenir, qui suit trop souvent chez elles l'impuissance dans l'effort, l'incertitude du but dans le sacrifice.

LOIR-ET-CHER.

Avec son étendue de 653,100 hectares, ce département possède classées :

1° Routes départementales	444,000	67
2° — de grande communication	325,000	49
	769,000	117

Le chiffre de ses routes ordinaires m'est inconnu.

Situation matérielle.

Pour 1846, il jouira de la totalité de ses routes départementales	444,000	67
Ses routes de grande communication, dont le chiffre précis d'achèvement m'est inconnu, peuvent à peine être considérées aux 2/3, soit	216,666	33
Soit 85 centièmes de l'achèvement total et...	660,666	101

Les routes vicinales ordinaires sont dans un état de nullité bien autrement déplorable que pour la Sarthe et Maine-et-Loire, devant l'étendue absolue du territoire, l'infériorité relative des ressources. Leur chiffre précis d'achèvement m'est inconnu.

Situation financière.

Le budget départemental, auprès du ministre de l'Intérieur, est de 683,533 fr. 55 c., soit 35 % de la contribution, répartis ainsi que suit :

Service ordinaire, fonds commun, et 9 cent. 7/10	304,745	83
— facultatif, fonds commun, et 5 cent	99,042	37
— extraordinaire, 8 cent	162,084	81
— spécial, 5 cent. et contingents communaux	117,660	54
Soit 18 centimes additionnels et	683,533 f. 55 c.	

La part qu'y prennent les routes est de :

Service départemental.	ordinaire	130,294	15	136,601 f. 53 c.
	facultatif (néant).			
	extraordinaire	6,307	38	
Il n'y a point d'emprunt spécial, contracté par le département, qui en est chargé pour d'autres sujets.				
2° Routes de grande communication, produit des 5 cent				95,860 54
3° Service vicinal ordinaire, contingents communaux				20,800 —
				253,262 f. 07 c.

Soit 37 % à peine du budget, et 13 % de la contribution, grevant le département de 5 cent.

Ce résultat semblerait offrir ici quelque chose de nouveau et de satisfaisant comme principe; savoir : l'affectation des seules ressources départementales aux routes de grande communication ; la réduction des contingents prélevés sur les communes, à l'insignifiante somme de 20,000 fr., encore employés à solder les voyers attachés à leur service ; ce qui laisserait aux communes la totalité de leurs ressources. Malheureusement la pratique le dément.

J'ai la certitude que le département n'a point renoncé non-seulement aux ressources ordinaires des communes, aux 2|3 de leurs ressources spéciales et de leur prestation, dans tous les cas où il peut les exiger pour ses routes de grande communication ; mais même à en réclamer violemment des contributions extraordinaires, des sacrifices particuliers, car je les ai vus positivement exigés. Ces ressources réunies doivent certainement dépasser le chiffre de 20,000 fr. ; il y a donc encore ici un appoint qu'il faut mentalement réunir.

Pour le service communal, malgré ces apparences, la réalité des faits explique son impuissance réelle ; pour lui, point de subvention départementale, et de la part de la plupart de ses communes, comme pour la Sarthe et Maine-et-Loire, de leurs ressources ordinaires, d'un rôle de prestation, porté au maximum de trois journées, encore un tiers à peine, affaibli de toutes les charges extraordinaires, des sacrifices particuliers, exigés pour le service des routes de grande communication.

Encore un présent nul, un avenir engagé.

Organisation et personnel.

Le service se compose d'un voyer chef, appartenant au département, ayant sous lui : 1° pour le service des routes de grande communication, un voyer par arrondissement; 2° pour le service communal, un voyer encore par arrondissement, avec chacun un aide et un sous-voyer cantonnal par chaque deux cantons.

Les frais de ce service sont :

Routes départementales.	ordinaire	9,744	15	10,551 f. 53 c.
	facultatif (néant).			
	extraordinaire	807	38	
	soit 23 f. 76 c. par kil., et 7 p. °/o du capital.			

Routes de grande communication.	1 voyer chef.................	3,000	7,500	28,300 f. — c.
	3 voyers d'arrondissem^t à 1,500	4,500		
	soit 34 f. 72 c. par kil., et 7 p. o/o du capital			
Routes vicinales ordinaires.	3 voy^rs d'arrond^t à 1.700 et 1,500	4,700	20,800	
	3 aides — à 300 f.......	900		
	9 agents cantonnaux à 1,200 f., dont 4 à 1.000 f.............	10,000		
	fonds d'encouragement........	5,200		

Quel est le chiffre dont cette dernière organisation pèse sur le service ordinaire ? je l'ignore, la quantité achevée m'étant inconnue; mais on est effrayé de ce que doit être ce poids, quand on songe à ce qu'est déjà celui des routes de grande communication, comparé avec la Sarthe; à ce que peuvent être ici les résultats, devant la différence énorme qui existe dans les ressources.

En général, l'organisation de ce département, calquée sur celle de la Sarthe, donnera lieu à peu d'observations particulières, sauf 1° que les deux services ordinaire et de grande communication ont été concentrés dans les mains d'un même voyer spécial, appartenant au département; 2° que le nombre des voyers cantonnaux a été régularisé à un par deux cantons. Mais, ce qui frappe, c'est, devant l'immensité des besoins que devait renfermer un département d'une si grande étendue absolue, d'une si faible puissance relative, le peu d'efforts faits. Il semble qu'il ait pris son parti de sa position, et ne veuille rien faire pour en sortir.

Avare dans ses classements, à peine atteint-il la moitié du chiffre de ses voisins ;

Avare dans la création de ses ressources, le chiffre du budget de ses routes atteint à peine un tiers du budget général. Point de centimes extraordinaires, point d'emprunt.

On croirait, ou qu'il n'a pas compris le mouvement, ou que, s'exagérant le principe qui fait des routes vicinales une charge essentiellement communale, il veuille rester en dehors, et en laisser porter le fardeau tout entier sur ses communes, sans mesurer une insuffisance plus grande ici qu'ailleurs.

Aussi, si ce département ne nous révèle pas de faits nouveaux, il donne une énergie extraordinaire à tous les reproches que nous avons trouvés à faire chez les départements d'organisation semblable.

Insuffisance des communes, se révélant en intervention tracassière du pouvoir central, pour en arracher quelques secours extraordinaires, qui grossissent un chiffre évidemment trop faible; faiblesse dans les résultats; poids énorme du personnel, ensemble relativement nul, et cependant douloureux.

§ III.

Conclusions.

En nous résumant sur tout ceci, nous voyons que l'organisation des quatre départements, à quelques légères nuances de formes près, peut se ranger sous deux systèmes principaux :

Le premier, représenté par la Sarthe, Maine-et-Loire et Loir-et-Cher, ayant pour caractères essentiels : 1° le maintien des chemins de grande communication au nombre des chemins vicinaux ; à ce titre, leur mise à la charge des communes ; 2° l'application forcée à leur confection d'une portion considérable des ressources des communes; 3° la soustraction cependant, à un degré plus ou moins complet, à l'autorité des communes, de tout ce qui tient à ces chemins, placés immédiatement dans la main du préfet, ou d'agents institués par lui.

Le second, représenté par Indre-et-Loire, ayant ce caractère essentiel : point de centralisation des fonds communaux, là où l'action directe départementale est invoquée au nom d'intérêts généraux et départementaux ; alors, là aussi, des ressources départementales. Mais, réciproquement, là où, d'après un caractère et un intérêt essentiellement vicinal, les ressources sont communales ; là aussi, aux communes l'action directe; au département et au pouvoir central seulement, l'action indirecte.

Avant de discuter en principe la valeur de chacun de ces deux systèmes, rassemblons nos idées, quant aux faits et aux résultats matériels qu'ils peuvent offrir. Juger ainsi leur efficacité et leur valeur pratique, c'est prévenir les objections, assurer notre discussion.

La statistique nous a présenté les départements rangés dans l'ordre suivant :

	Pop. relative.	Valeur à l'hect.
1° Sarthe....................................	76	5 05
2° Maine-et-Loire..............................	66	4 88
3° Indre-et-Loire..............................	50	3 87
4° Loir-et-Cher..............................	38	2 94

Le tableau de leur situation financière et matérielle nous donnera :

NOMBRE ACHEVÉ.		ÉTAT d'achèvement.	MÈT. par kil.	SOMMES annuelles.	PROPORTIONS avec le budget.	PROPORTIONS avec la contribut.	CENTIMES additionnels
Indre-et-Loire.	1,184	100	193	657,671	67	27	15
Sarthe........	1,067	82	173	703,897	71	22	10
Maine-et-Loire.	1,083	81	146	933,528	66	24	15
Loir-et-Cher...	660	85	101	253,262	37	13	05

Quant aux routes vicinales ordinaires, nous ne possédons de chiffre à leur égard que pour deux départements : Indre-et-Loire et la Sarthe; mais ce sont les deux têtes de système. Ces résultats sont :

	Nombre en classement.	Achèvement.	État d'achèvement.	Mèt. par kilomèt.
Indre-et-Loire...........	6,745	1,400	20	228
Sarthe....................	3,192	887	27	143

Le total général, pour ces deux départements, est :

	Nombre de kilomèt.	Mèt. par kilomèt.
Indre-et-Loire............................	2,584	422
Sarthe....................................	1,954	289

Ainsi qu'on le voit, la Sarthe, qui, dans la statistique était à Indre-et-Loire :: 76 et 5,05 : 50 et 3,87; quant au sacrifice, :: 22 : 27 est, quant au résultat, :: 173 et 93, ou mieux encore, :: 289 : 422.

Maine-et-Loire, qui était :: 66 et 4,88 : 50 et 3,87 ; quant au sacrifice, :: 24 : 27, est, quant au résultat, :: 146 : 193.

Partout l'ordre de la proportion devient inverse.

Indre-et-Loire, qu'une immense infériorité relative plaçait bien loin de ses voisins, les devance dans les résultats, les laisse loin derrière lui, et, pour le service communal même, marche tout à fait seul.

Or, cet effet si frappant, à quoi tient-il?

Est-ce, comme l'ont dit quelques-uns, à une différence de richesse relative entre Indre-et-Loire et ses voisins. Cette différence existe, oui, la statistique nous le prouve, mais c'est contre Indre-et-Loire, non en sa faveur. Les départements riches, ce sont la Sarthe et Maine-et-Loire. Cette raison n'est donc rien.

Est-ce, comme on le dit encore, à une faveur plus grande auprès du gouvernement central, à une part plus grande dans le fonds de secours? Cette raison en serait une ; mais ce n'est pas la dernière, la réelle. Quelque cent mille francs, de plus ou de moins, n'expliquent pas la différence, ne rendraient pas aux départements distancés la position relative qu'ils ont perdue.

La véritable raison, elle est plus loin que tout cela ; elle est au fond de tout le système économique suivi par chacun des départements.

Cependant, si nous distinguons nettement, nous verrons que le système suivi par chacun de ces départements distancés n'est pas une chose qui leur soit propre ; il a sa racine plus loin, dans la loi même de 1836. Le maintien des chemins de grande communication comme vicinaux, à la charge des communes ; l'interdit mis à leur sujet sur une portion des ressources communales ; la centralisation du tout entre les mains du préfet; tout cela appartient à la loi de 1836.

Si Indre-et-Loire a repoussé ce résultat, c'est en sortant de cette loi.

Ce n'est donc plus un simple système économique que nous avons à discuter ici; c'est une loi tout entière, cette loi de 1836, dont nous menaçons les principes. Ce n'était point trop que de pouvoir nous mettre à l'abri, dans la théorie, derrière l'autorité d'un département aussi influent que celui d'Indre-et-Loire; dans la pratique, derrière des faits aussi concluants, des résultats aussi complets.

La question soulevée ici n'est pas très-complexe, circonscrite comme elle s'est faite dans le cours de cette discussion, on peut la ramener à ces termes qui résument tout :

La centralisation des ressources communales doit-elle jamais être admise ? Là où cette centralisation est un fait nécessaire, comme pour la construction des routes de grande communication, doit-elle agir pour entraîner à elle les ressources communales elles-mêmes, ou, au contraire, pour les exclure ?

Oui, dans le premier sens, disent la loi de 1836, avec elle la Sarthe, Maine-et-Loire, Loir-et-Cher.

Non, dit Indre-et-Loire.

Examinons et récapitulons avec lui les raisons d'après lesquelles cette centralisation doit s'exclure.

Les unes sont purement de fait, pour ce qui touche à l'économie et à la pratique ; les autres de droit, en ce qui touche à la morale et à la politique.

En fait.

Les fonds nécessaires pour la confection des routes de grande communication devant toujours sortir de la poche des contribuables, peu importe que ce soit à titre communal ou départemental, à moins que l'un de ces capitaux ne se distingue par quelque avantage particulier, comme étant plus économique ou assurant mieux un prompt et facile succès. L'emploi des fonds communaux, même avec la centralisation, se recommandait-il à aucun de ces titres, pour devoir être préféré aux fonds départementaux ? Non, certes ; et, ici, au contraire, se réunit un ensemble de plusieurs causes qui devait tendre à ralentir et empêcher leur effet et contribuer à les faire repousser.

Formé par un prélèvement sur les fonds communaux, le capital des routes de grande communication participe au caractère général de ces ressources, il est embarrassé ; il l'est d'autant plus qu'il est tout entier formé d'éléments épars et divers ; que, malgré la précaution prise d'imputer par préférence sur les rentrées en argent des communes leur part de contingent, il se compose pour une partie encore assez considérable souvent des prestations, sorte d'impôts en nature le plus rempli de non-valeurs de tous.

Flottant dans son chiffre, agissant comme impôt de quotité plutôt que de répartition, il n'offre plus la même base fixe pour une action régulière.

Enfin, et surtout, avec son caractère essentiellement communal, ce capital, déjà trop restreint et insuffisant dans ses ressources ordinaires, manque totalement d'élasticité. S'il veut se grossir par l'extraordinaire, vis-à-vis des communes, il ne peut agir que par efforts partiels et isolés; non par quelqu'une de ces mesures collectives et générales qui sont promptes et puissantes parce que sous une seule décision elles obligent tout le monde. Il y trouve la lutte directe avec tous les autres besoins, les intérêts de la localité; l'esprit municipal avec ce qu'il peut avoir de plus étroit; des répugnances naissant du fait même la centralisation de l'intérêt aussi général que local qu'on imputera au chemin ; il y trouve enfin, et surtout, des conditions bien inférieures pour user du crédit, créer des capitaux, ou les faire travailler.

Vis-à-vis du département, qui n'agit plus qu'à titre subventionnel, non à titre propre, il ne trouve plus un sentiment aussi prononcé d'une obligation à intervenir extraordinairement; et, pour aborder un autre ordre de faits, il ne trouve plus la même conviction d'un droit à agir librement.

De là une autre série d'inconvénients qui, dans l'application, font réagir sur l'organisation tout entière, sur le personnel, sur toute la mise en œuvre, les incertitudes qui existent dans le capital. On tâtonne, on hésite, on procède par demi-mesures, et, pendant cette lutte contre une position fausse, les forces s'usent, les ressources se dissipent, et le résultat faillit.

Deux faits vrais se trouvent en présence; un intérêt général, un intérêt communal. Mais en résolvant la question entre eux dans le sens que nous combattons, on tombe dans une erreur funeste. On fait intervenir, à titre principal, celui qui ne devait le faire qu'à titre subventionnel; à titre subventionnel celui qui ne devait le faire qu'à titre principal; et, au milieu de cette interversion des rôles, le système est faussé, son effet général compromis.

La réalité de ces reproches, nous en retrouvons la preuve au fond de l'action de tous les départements qui ont demandé à leurs communes les ressources nécessaires pour la confection de leurs routes de grande communication; plus ces ressources ont conservé un caractère exclusivement communal, plus ces inconvénients se sont faits sentir avec force, moindres ont été les résultats. On pourrait poser en principe, sans craindre d'être démenti par les faits, que le succès est en raison directe de la part prise à l'œuvre par les départements, en raison inverse de la part prise par les communes; arrivé à ce point, un système est jugé.

Faire moins, même avec une somme égale, c'est déjà faire payer à haut prix au contribuable l'emploi de fonds communaux plutôt que de fonds départementaux, mais ce prix n'est pas le seul.

De cette concentration extraordinaire de toutes les forces sur une portion seulement du système vicinal résulte cette conséquence forcée que le reste sacrifié languit et ne peut se développer. Le service vicinal ordinaire, si faibles que soient les développements qu'il ait osé prendre, épuisé, désorganisé par ce défaut de ressources, de direction suffisante, d'ensemble, devient presque complétement impossible; tandis que ce peu de possibilité qu'il conserve, forçant à organiser une direction pour répondre sur tous les points aux demandes si minimes qu'elles soient, donne lieu à créer une non-valeur nouvelle, s'ajoutant encore comme cause d'épuisement et pesant d'un poids énorme sur les faibles résultats.

Ces reproches sont réels et inscrits en caractères bien saillants dans tous les faits que nous avons vus. Il ne faut pas chercher à nous en excuser les torts dans le présent par la considération de l'avenir, car cet avenir appartient encore pour un temps long et indéterminé à l'achèvement, pour toujours à un entretien dont le chiffre se grossit tous les jours.

Ils existent dans le présent, ils menacent de devoir se prolonger et jusqu'à un certain point se perpétuer dans l'avenir; cet état de choses constitue un fait grave. Le service vicinal ordinaire a une importance devenue actuellement question de sens commun et qu'il n'est pas nécessaire de développer ici; son omission aurait pour effet de dénaturer complétement la loi de 1836.

Cette loi n'a pas été faite uniquement pour les routes de grande communication qui n'y entrent qu'à peine pour un cinquième ; mais pour un but, un ensemble de besoins plus vaste et plus complet. La renfermer comme on le fait presque uniquement dans la confection de ces routes, c'est la faire n'embrasser qu'un côté de la question, ne pourvoir qu'à une partie des besoins. Alors elle ne répond plus aux intentions, n'a plus de réalité. Elle doit prouver son efficacité à remplir toutes les données du problème pour lequel elle a été rendue ; sans quoi elle est menteuse et mauvaise, car elle est incomplète et insuffisante.

En droit.

Cette centralisation est une véritable injustice, un acte d'arbitraire parfaitement caractérisé. Les propriétés communales sont, comme d'autres, sacrées à ce titre. L'impôt d'une commune est pour elle un revenu, une véritable propriété qui lui appartient, dont on peut régler l'usage entre ses mains, mais dont on ne peut la dépouiller, dont on ne peut pas plus disposer par voie générale et législative, que de toute autre propriété particulière.

Cette injustice qui existe déjà dans le principe même de la centralisation appliquée aux ressources communales, elle se retrouve encore bien plus dans l'application, surtout quand on compte parmi ces ressources un impôt comme la prestation. La prestation, en effet, n'est pas un impôt comme un autre ; on le croit modéré dans son chiffre : pour la Sarthe, par exemple, où j'ai des chiffres précis, il représente 409,285 fr. ; c'est-à-dire 13 c. pour fr. de la contribution. Ce serait donc ce chiffre à joindre au budget. Mais ce n'est point encore ainsi qu'il frappe sur ceux qui le paient. Tout le monde ne le paie point ; les villes ne le paient point ; le commerce, l'industrie ne le paient point, à moins qu'ils ne soient épars dans les campagnes. La propriété elle-même à qui ces chemins profitent tant, à qui, en dernier terme, en restera tout le bénéfice ne le paie point. Ce qui le paie c'est notre agriculture, ce sont nos campagnes, les seuls habitants de nos campagnes, c'est le capital, ce sont les instruments d'exploitation seuls ! Quels vices de répartition !

Combien ce dernier terme doit-il peser sur ceux qu'il frappe!

On dira : Ils paient parce qu'ils travaillent pour eux. C'est le service rural qui paie, parce qu'on travaille pour un besoin rural. Ces chemins ont un but, une utilité spéciale et locale, sont essentiellement des chemins ruraux et de localité.

Alors, ne détournons donc pas cet impôt de son affectation spéciale ; de ce qui peut seul le fonder, être son excuse. Le centraliser, l'affecter sur des points distants de ceux qui le paient à des intérêts qui peuvent très-légitimement alors passer pour généraux, non plus pour personnels et locaux, c'est lui rendre tout ce que son caractère intime peut présenter d'odieux, à un autre titre ; ce qui l'avait déjà fait repousser loin de nous avec exécration.

Ces résultats iniques de répartition, quant aux personnes, on les retrouve aussi dans l'application, quant aux communes. Celles traversées ont bien un intérêt direct au chemin ; mais l'ont-elles seules? Les communes qui les approchent, qui les entourent, n'y en ont-elles pas aussi, n'en retireront-elles pas un bienfait? Pourquoi les premières paient-elles tout, les autres rien?

Tout devient ici objet de doute, sujet d'incertitude. C'est que, plus que tout autre, l'impôt de prestation est un impôt d'exception, qui, au lieu d'être étendu, doit, au contraire, être renfermé dans la sphère la plus stricte. Hors d'un cercle étroit, chez lui tout est injuste. Il porte de suite jusqu'à sa dernière limite, jusqu'à l'odieux, l'effet de cette centralisation des ressources communales, à l'ensemble desquelles une partie de ces griefs peut s'adresser ; il ramène à la vérité de ces vieilles maximes du droit et du sens commun : aux communes, à leurs habitants, les charges locales, les intérêts locaux; à la généralité, au département, les intérêts généraux.

Au point de vue plus essentiellement politique,

Cette centralisation tend à modifier considérablement la situation du préfet, au sein de l'administration départementale, à créer pour lui une position nouvelle, un pouvoir discrétionnaire bien plus grand; à le sortir du droit commun. Ces sommes, tellement considérables dans leur chiffre, ce n'est plus le conseil général qui en règle, en surveille l'emploi; le préfet, qui, dans l'ordre ordinaire, n'aurait pu, sans ce conseil, disposer de mille francs; ici, quand il s'agit de centaines de mille francs, sous la seule condition de rendre compte, en dispose totalement.

A côté du pouvoir qui agit, je ne sens plus corrélativement le frein de celui qui délibère; auprès de la liberté, au contraire, je vois l'abus; l'homme avec toutes ses faiblesses, contre lesquelles on a voulu l'armer; un moyen de gouvernement puissant, des intérêts, des amitiés, que sais-je? tout ce qu'a voulu prévenir le principe qui place l'intervention du conseil général, une loi de responsabilité sévère au-devant de toute action.

Mais cette centralisation ne modifie pas seulement la position du préfet, au sein de l'administration départementale; son inconvénient le plus funeste, c'est de tendre à dénaturer complétement les relations de ce préfet, comme représentant du pouvoir central, avec les communes; à introduire ici des principes faux et pleins de périls.

La loi de 1836 avait à pourvoir à deux besoins :

1° Créer des ressources; 2° les organiser.

Au premier titre, on sentait qu'il n'y avait à espérer que de la part des communes; la loi invoque leur action, se fait toute municipale.

Au second, prévoyant le cas de chemins d'un intérêt plus général, intéressant plusieurs communes, elle se défie de l'action de ces communes, principe de diffusion, non de concentration; et, sous l'impression de ce sentiment, pressée du résultat, obéissant au besoin de l'unité, se dépêche d'enlever l'action aux communes, de la confier à un pouvoir central.

Placés entre deux principes contraires, auxquels on voulait également obéir, on les admet tous deux, en les considérant comme appelés mutuellement à se compléter; on les concilie par ce résultat bizarre d'une œuvre à la fois municipale dans le fond, départementale et centralisée dans la forme.

Voilà le principe; maintenant, suivons-le dans les faits :

Il est certain que, pour des lignes d'un long développement, comme la plupart des routes de grande communication, la centralisation était un besoin forcé. Il fallait, pour obtenir un résultat, au lieu d'éparpiller ses forces, agir avec des masses, concentrées sur un point, sous la direction d'un pouvoir discipliné pour être fort, habile pour être puissant.

Il est certain que, dans ces conditions, lors même que les ressources étaient communales, toute intervention de cette autorité communale, tendant à diviser des forces qui devaient être réunies, discuter une direction qui devait être souveraine pour être forte, était funeste et un mal.

Il est certain que plus réserve avait ainsi été faite dans l'action d'un caractère municipal, moins a dû répondre et a répondu, en effet, le succès, que la question s'est perpétuellement résolue dans les faits contre l'intervention municipale, pour l'omnipotence du pouvoir central; que tout le mouvement qu'a pu subir l'organisation par la pratique tout ce qui s'est manifesté de tendance, est en ce sens.

Je ne dirai pas l'infériorité, mais même l'incapacité d'action des communes est devenue ici, dans la pratique, une sorte d'axiome, universellement avoué; l'intervention, l'action dominante du pouvoir central, un fait reconnu pour être non pas seulement bon et préférable, mais nécessaire.

La centralisation reconnue ainsi comme un fait nécessaire, continuer à maintenir des ressources communales, c'était communiquer à la centralisation de celles-ci ce même caractère, forcé de nécessité; consacrer son admission, lui donner un caractère légitime; confirmer la théorie par la pratique.

Ces faits reconnus, voyons plus loin.

Derrière les routes de grande communication sont les routes vicinales ordinaires, notre plaie de tous les jours. Depuis neuf ans, les communes, les particuliers, s'épuisent en sacrifices énormes; cependant, où sont les résultats? On sait que la plupart des ressources sont loin de rester aux communes, ne font, avons-nous vu, que les traverser pour aller se dépenser plus loin, sur les routes de grande communication; que la faute ici n'est pas aux communes, mais à l'institution qui nous régit ; moins à l'agent qu'à la faiblesse des moyens dont il peut disposer.

Mais enfin, quelle que soit la cause, derrière, le mal existe, et s'irrite de plus en plus ; derrière, on crie déjà ; il y a des populations fatiguées, actives, ardentes, pressées par le besoin, seront-elles toujours justes et clairvoyantes ?

Les communes ont déjà été proclamées impuissantes ; le succès rattaché à une action centrale ; le principe est posé, ne tendra-t-on pas à le généraliser, à vouloir lui donner ici une application nouvelle ; au même mal à vouloir le même remède.

Le défaut de résultats, ne sera-t-on pas porté à l'imputer encore à l'action communale elle-même, le succès à l'attendre seulement encore d'une direction centrale, puissante, perfectionnée ? Enfin, la centralisation des deniers communaux, déjà admise comme légitime dans un cas où elle était nécessaire, ne tendra-t-on pas à la faire proclamer nécessaire plus loin, pour la faire déclarer encore une fois légitime ?

Pour l'induction la pente est facile.

Ces craintes ne sont même plus déjà de simples mots, des suppositions encore gratuites, elles ont leurs premières traductions dans des faits ; déjà une réalité, qui nous permet de constater la tendance.

Le département de la Sarthe, qui le premier, pour nous, a accepté le plus franchement le principe contenu dans la loi de 1836 sera le premier à descendre vers ses dernières conséquences et nous en offrir des exemples.

Préoccupé des souffrances de son service vicinal ordinaire, où a-t-il été chercher le remède ? est-ce dans l'allégement de la charge qu'impose aux communes le service des routes de grande communication, en prévenant ce détournement de leurs ressources au profit d'une action centralisée qui n'est plus la leur ? Non ; c'est dans l'extension donnée au contraire à ce principe de centralisation, dans son appel à descendre plus bas au sein de son système vicinal.

Derrière les routes de grande communication, il a créé un système de routes de moyenne communication. Ces routes, il tend fortement à les centraliser, à étendre leur réseau, perfectionner leurs moyens d'action, les rapprocher de plus en plus dans leurs conditions d'existence et d'exécution, des routes de grande communication. De nombreuses tentatives ont déjà été faites dans ce sens et se renouvelleront encore, non pas seulement de la part du pouvoir central, mais de l'assentiment, avec le vœu même des conseils généraux et d'arrondissement.

Ainsi se resserre de plus en plus par les faits autour des communes le cercle laissé à leur action propre, jusqu'au jour où un dernier et faible pas absorbera finalement la totalité du service communal au sein d'une direction une et centrale. Progression lente et insensible, mais certaine, où l'exception, en s'étendant, tend à se transformer en règle; la loi d'un cas spécial, à se faire loi commune.

Sous cette application extrême du principe contenu dans la loi de 1836, que restera-t-il de celle-ci ? celui qui met les routes vicinales à la charge des communes, qui impose volontairement et d'office celles-ci pour leur exécution ou leur entretien; toute action propre sur ces routes leur étant enlevée pour être reportée à un pouvoir supérieur et central.

Si municipale dans le fond, elle le restera seulement au point de vue fiscal et odieux.

La commune existera pour l'impôt et pour le vote, quand elle n'existera plus en réalité pour l'exécution, pour l'action.

Aucune association ne peut vivre sur ces bases, qui ont déjà été la ruine des municipalités romaines au Bas-Empire.

Arriver à ce dernier terme dans l'application de la loi de 1836, c'est fausser cette loi et tout l'esprit de notre régime municipal.

Les communes ne peuvent exister comme individualités tellement puissantes, qu'elles puissent venir faire obstacle à l'action du gouvernement central; parties dans l'état, se soustraire à ses lois; rester hostiles, ou même seulement neutres et immobiles, quand on exige leur action.

Mais elles doivent exister comme individualités puissantes, représentant des intérêts, des droits propres et considérables, avec lesquels il faille compter. Elles sont un bien, un élément de force qu'on a pu apprécier ici, où elles créent des ressources qu'on n'eût pu se procurer sans elles; elles soulagent l'action du gouvernement central, la balancent sans l'entraver, et l'éclairent.

Sous peine d'un affaiblissement certain, d'une perturbation profonde, le gouvernement est tenu non pas seulement de les maintenir, les laisser vivre, mais de les protéger. Il doit les contenir, il doit les diriger, *mais il ne peut tendre à les absorber.*

Telle est la conséquence extrême, cependant, à laquelle on se trouve insensiblement entraîné ici, le dernier mot du principe contenu dans la loi de 1836.

C'est à ce titre que l'a repoussé Indre-et-Loire, comme faux et ne pouvant donner que des résultats funestes.

C'est à ce titre que la Sarthe, Loir-et-Cher, Maine-et-Loire qui l'ont admis, quoique seulement dans un cas forcé, et d'exception, s'en voient menacés maintenant dans leur avenir, et voient se déplacer vers lui les bases des relations de leurs communes avec le pouvoir central.

Supprimer l'action communale peut être plus facile que de la régler, arriver à la rendre utile; mais, devant la nécessité publique qui veut qu'elle soit maintenue, trancher ainsi la difficulté, ce n'est pas la résoudre, entrer dans le vrai des principes.

Où commence le pouvoir municipal, l'action du pouvoir central se modifie. Hors de la limite de la commune et de ses intérêts, pour tout ce qui tient aux intérêts généraux de département, il a l'action directe; il fait, il agit librement. A la limite de la commune, son action directe tombe, il n'a plus que l'action indirecte; il procure, il assure l'action; mais il ne la donne, ne la fait plus, il n'agit plus lui-même. Toute interversion à ces rôles est funeste et mortelle. Autant y a-t-il péril à dépouiller les agents municipaux de leur action directe dans les affaires de la commune, pour en investir le pouvoir central, qu'à vouloir renfermer ceux-ci dans une indépendance aveugle, et les soustraire à l'action éclairée et salutaire du pouvoir central.

Tous ces inconvénients résultant du fait de la centralisation des ressources communales, par leur application principale à la confection des routes de grande communication, sont de nature à faire une certaine impression sur les esprits. Indre-et-Loire les avait-il prévus? je ne sais, mais du moins il les a habilement évités

N'acceptant pas cette position d'avoir à faire comme vicinales, et avec des deniers communaux, des routes dont l'intérêt général forçait à centraliser la direction, il les a portées immédiatement au compte du département, et s'est donné pour son capital, son organisation, tout son système d'exécution, une base libre qu'il pouvait mesurer et régler à son gré.

N'enlevant rien à son service vicinal, il pouvait en attendre le succès en s'appliquant à le bien diriger.

Les relations du pouvoir central au sein du département restent celles de droit commun; avec les communes, sont nettement posées. Sur les intérêts généraux, son action directe est largement assurée; sur les intérêts locaux des communes et sur leurs ressources, son action est encore puissante, mais seulement indirecte; aux communes est maintenue l'action directe. Les communes ne sont jamais libres; de droit commun, elles sont en tutelle; ce principe se retrouve ici. Elles sont conduites, dirigées, soumises à des conditions d'exécution; mais du moins elles agissent, elles sont elles-mêmes, peuvent avoir conscience d'elles-mêmes. Leur droit d'user ici encore il est réglé, mais il est maintenu.

Pour estimer la valeur réelle de la loi de 1836, il faut avant tout se rendre compte des circonstances au milieu desquelles elle a été produite;

Venue dans un temps extraordinaire, où l'expérience de la loi de 1824 montrait que l'importance de la bonne viabilité était loin d'être appréciée généralement, et qu'à la confection des routes devait être attaché un caractère coactif, la loi de 1836, conçue en esprit de défiance, et en vue de cette mauvaise volonté présumée à laquelle on voulait parer, ne pouvait être hardie; ni dans la création des ressources, de là les limites extrêmes, plus qu'étroites, dans lesquelles elle se renfermait; ni dans le système d'organisation fondé, de là les moyens de rigueur et les droits d'exception dont elle s'armait.

Ce caractère, attaché à la loi de 1836, ressort intimement et de ces circonstances au milieu desquelles elle a été produite, et de toute la discussion à laquelle elle a donné lieu devant les chambres. En présence des pouvoirs extraordinaires qu'elle contenait, ces chambres hésitaient. Il nous faut de l'arbitraire, il nous en faut un assez grand pour ces chemins, s'écrie M. Thiers, alors président du conseil, sans quoi nous ne les aurons pas. Et à chaque résistance qui se renouvelait souvent, comme une protestation, toujours même réponse qui décidait tout.

Partie ainsi de cette supposition que le milieu était hostile, que les populations encore mal préparées avaient besoin d'être poussées violemment; que devait-il en être quand il en adviendrait autrement? quand éclairées, intelligentes, les populations se porteraient d'elles-mêmes au-devant des prescriptions de la loi?

Premier pas dans la carrière, faudrait-il considérer encore cette loi comme devant en être le dernier? Venue pour se poser comme une limite en deçà de laquelle on ne pouvait plus rester, faudrait-il voir dans ses prescriptions obligatoires une autre limite au delà de laquelle rien ne serait possible? Ne pouvant le moins, ne pourrait-on aussi le plus.

Ce n'est point ce qu'a pensé Indre-et-Loire. Fort de lui-même, il a voulu, il a fait un pas au delà, et il a pu le faire non pas seulement impunément, mais en trouvant autour de lui des encouragements légitimes.

Cette conséquence était forcée, le mieux doit toujours être possible.

Moyen étroit de violence et de coaction, la loi de 1836 doit, comme telle, n'avoir qu'une application exceptionnelle, temporaire, et de transition, elle ne peut survivre aux conditions qui l'ont fait naître. Moyen rigoureux et nécessaire dans l'enfance et pour l'éducation des populations, elle doit cesser d'avoir son application sévère le jour où cette éducation est achevée, et où les populations montrent la volonté et le pouvoir de marcher seules. La maintenir alors étroitement et rigoureusement, serait une injustice, car elle n'a plus la nécessité pour son excuse; serait une faute, car elle est insuffisante. Elle ne répond plus aux besoins; distribuant mal les forces, elle entrave le succès, comprime l'effort au lieu de le faire naître. Maintenue comme un cercle fatal pour comprimer l'essor des populations qu'elle était appelée à pousser, elle mentirait à son but, et, conçue en vue du bien public, se tournerait contre lui.

Telles sont les pensées qui m'ont préoccupé pendant le cours de ce travail.

Il se résume en deux systèmes mis comparativement en présence.

Le premier, plus étroit, voté sous l'impression vive du besoin, impatient du but, y sacrifiant le droit sous l'application un peu forcée des principes d'autorité et de centralisation.

Le deuxième, plus vaste, marchant au même but, mais sagement, sans moyens extraordinaires, par le seul développement bien entendu des institutions existantes, avec les moyens, les principes de droit commun, largement mais librement appliqués.

L'énergie et la puissance relative de chacun de ces systèmes, nous les avons recherchées dans les faits.

Ce tableau s'est montré tout à l'avantage du deuxième, auquel les nombreux inconvénients moraux et politiques révélés dans l'application du premier, assuraient encore au nouveau un degré de supériorité incontestable pour les avoir prévenus.

De ce point, faudrait-il condamner le premier d'une manière absolue? Non ; il faut les considérer tous deux comme représentant une double période dans le travail des esprits, relatif aux chemins vicinaux.

Le premier appartient aux premiers âges, aux temps où la raison publique, faible encore, a besoin d'être conduite et fermement maintenue par une force venue du dehors ; le deuxième à des temps plus mûrs, où cette même raison publique, mieux éclairée, plus ferme, peut prendre son point d'appui, trouver ses forces en elle-même. Le premier, alors, ne suffit plus; à mesure que sa nécessité s'affaiblit, ses inconvénients apparaissent; il doit s'effacer, et les principes de liberté, de raison, qui font le fonds de l'autre, reprendre peu à peu leur action grande et féconde.

Dans tout le développement de ce travail, j'ai été amené à faire l'éloge du système suivi par Indre-et-Loire; c'est qu'il répondait à un besoin violent chez moi. J'y trouvais la négation de tant de maux que je voyais, dont je souffrais chez les autres. Devant le bien qu'il renferme et qui se traduit si hautement dans les faits, j'étais las des mauvaises raisons que j'entendais répéter partout autour de moi comme excuses; j'ai voulu aller chercher ces raisons où elles étaient réellement, dans l'étude approfondie des faits. Je l'ai loué alors, non comme la perfection en soi; mais parce qu'il en était plus près pour moi que les autres, qu'il m'ouvrait une voie toute nouvelle et consolante. C'était une dette de reconnaissance que j'acquitte envers lui.

Ce que je voudrais, ce serait avoir fait passer ma conviction dans l'esprit de ses voisins; les amener, au lieu d'envier sa position, de critiquer et discuter mesquinement ses actes, à les étudier, s'en pénétrer, et s'assimilant ce qu'il a de bon, chercher comme moi sur sa trace et dans la nouvelle voie qu'il ouvre, un remède aux maux qu'ils souffrent et qu'il a su si sagement s'éviter.

Tous ne peuvent plus, il est vrai, imiter en tout Indre-et-Loire, faire comme lui de leurs routes de grande communication des routes départementales, l'équilibre des budgets départementaux avec le fonds commun s'y opposant. Ils y perdront l'économie qui en résulte dans le personnel, en partie la réserve des droits du conseil général vis à-vis du préfet; mais, tous peuvent tendre à faire cesser cette injustice qui absorbe pour leur confection, et le fera encore pour leur entretien, une si grande partie des ressources des communes. Leur consacrant, autant que possible, seulement des fonds départementaux. Ils rendront ainsi à leur action toute leur liberté.

Tous peuvent rendre à la petite vicinalité sa réalité en lui rendant ses ressources.

Rendre à leurs communes le droit commun, assurer leur existence, en les prémunissant contre l'exagération du principe d'envahissement contenu dans la loi de 1836, qui tend, en les déconsidérant, à faire remonter à leur détriment toute action directe et toute force vers le pouvoir central.

Mais, en travaillant ainsi à maintenir leurs communes comme un pouvoir dans l'État, qu'ils se souviennent bien aussi : que tout pouvoir n'est constitué que pour un but; que le secret de sa force est dans la confiance qu'il inspire, le secret de cette confiance dans les garanties de succès qu'il semble offrir ;

Que si on veut donc empêcher les populations aigries d'aller chercher dans la diminution des droits des communes le seul remède aux maux qu'elles souffrent, il faut ordonner cette action des communes de telle sorte qu'elle offre en elle-même toutes les garanties de bon ménagement et de succès ;

Que, comme l'a fait encore si bien Indre-et-Loire, bien ordonner et réglementer l'action des communes, pour elles-mêmes, comme pour le bien public, est d'un intérêt aussi grand que de savoir la leur maintenir et la leur assurer.

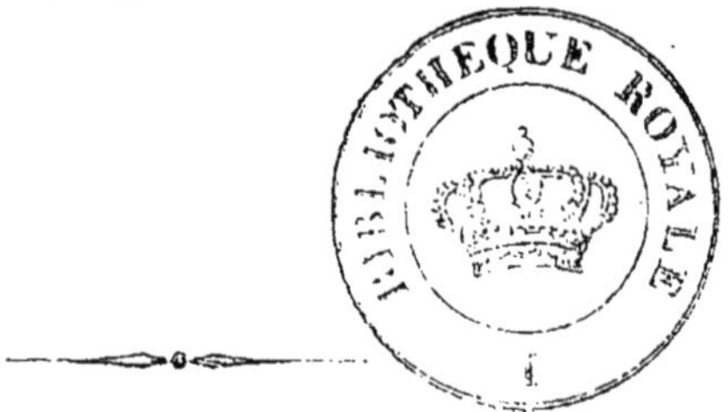

www.ingramcontent.com/pod-product-compliance
Ingram Content Group UK Ltd.
Pitfield, Milton Keynes, MK11 3LW, UK
UKHW020956220726
13924UKWH00002B/729